William Shakespeare

Von Michael St John Parker

William Shakespeare lebte getreu seinem eigenen Text – als Spieler vieler Rollen, und als Mann für die ganze Welt. Seit seinem Tod scheint jede Generation wieder eine neue, besondere Eigenschaft in seinen Stücken entdeckt zu haben. Im 19. Jahrhundert wurde er vor allem aufgrund seiner Charaktere, geschätzt. Sie gaben der Vielfalt des menschlichen Lebens auf eine Weise Ausdruck, die einem romantischen Zeitalter gefiel. Während des Zweiten Weltkriegs war es Shakespeare der Patriot, der den Kampfgeist der Engländer beflügelte:

> Dies England, das kein Stolzer je bezwungen
> Trägt auch zukünftig nicht der Knechtschaft Joch.

In jüngerer Zeit entdeckten wir unergründliche Tiefen in der unendlichen Schönheit seiner Dichtkunst.

> Schönheit zu reich! für diese Welt zu rein!

Wo lagen die Ursprünge dieser Universalbegabung? In Bezug auf Familie und Herkunftsort sind die Antworten sehr gewöhnlich. William Shakespeare wurde in bescheidenen Verhältnissen in einer Marktstadt Mittelenglands geboren. Vielleicht war es jedoch der *Augenblick*, nämlich jener Zeitpunkt, an dem das Mittelalter der Moderne Einlass gewährte, der den Menschen Shakespeare auf den Plan rief.

Herkunft

William Shakespeares Familie war tief mit der ländlichen Gegend um Stratford verwurzelt. Sein Vater und seine Mutter stammten beide aus kleinen Grundbesitzer-Familien aus dem nördlich des Flusses Avon gelegenen Wald von Arden. Arden war keine ununterbrochene Waldgegend, sondern eine bewaldete Landschaft, in der verstreut kleine Dörfer und Bauernhöfe lagen, ähnlich wie im heutigen New Forest. Die Gegend besaß außerdem ein wenig Industrie. Dieses ländliche Warwickshire ist Szenerie sämtlicher Werke Shakespeares.

Wie es Euch gefällt spielt teilweise im Wald von Arden, und in den folgenden Worten des Herzogs können wir vielleicht Shakespeares eigene Gefühle spüren:

> Dieses unser Leben, von Getümmel frei,
> Gibt Bäumen Zungen, findet Schrift im Bach
> In Steinen Lehre, Gutes überall.

Auch der Zauber des *Sommernachtstraums* wirkt vollkommen englisch – obwohl das Stück nominell in einem Wald bei Athen stattfindet:

> Ich weiß einen Hang, wo wilder Thymian blüht,
> Die Dotterblume Veilchen nicken sieht.

War der Wald der Hintergrund zu Shakespeares Jugendzeit, so war die Stadt Stratford die unmittelbare Szenerie. Sein Vater John war in jungen Jahren aus seiner Heimatgemeinde Snitterfield nach Stratford gezogen und besaß dort bereits 1552 ein Haus. Er musste nämlich in jenem Jahr eine Geldstrafe zahlen, weil er einen Misthaufen auf der Straße angelegt hatte – damals war dies sicherlich weniger schlimm, als es sich heute anhört. 1557 heiratete John ein Mädchen namens Mary Arden aus dem benachbarten Wilmcote – der Familienname war in jener Gegend damals ziemlich verbreitet. Das Haus von Marys Familie blieb bis heute erhalten; es ist ein heiteres Fachwerkhaus im Tudorstil, mit einem großen steinernen Taubenschlag. Auch das Haus in Henley Street in Stratford, in das John Mary heimführte, steht noch heute; es sollte zur Geburtsstätte eines der größten Genies Englands werden.

▲ *Zettel und Titania: eine viktorianische Ansicht des Sommernachtstraums. Aus dem „Wald in der Nähe von Athen" wird hier ganz offensichtlich der von einem lieblich-romantischen Feenvolk bewohnte Wald von Arden.*

▶ *Die mittelalterliche Kirche St. James im Dorf Snitterfield in Warwickshire, in dem Shakespeares Vater John aufwuchs, bevor er nach Stratford zog.*

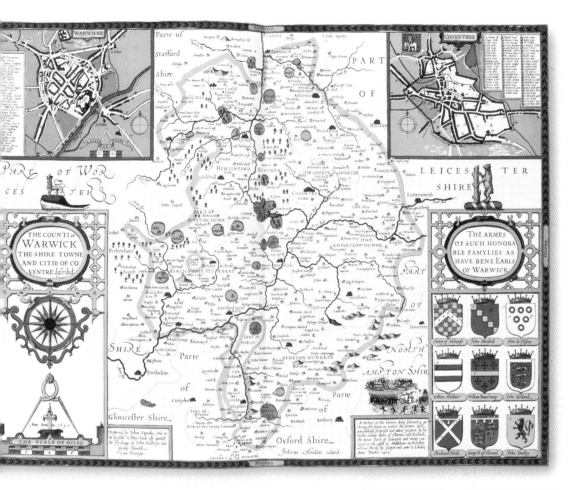

▲ John Speeds Landkarte von Warwickshire, Kupferstich von Jodocus Hondius. Die Brücke von „Stretford" sowie eine Reihe umschlossener Wildparks sind deutlich zu sehen. Speeds Satz von 54 Karten von England und Wales, der 1608–1610 veröffentlicht und im Jahre 1611 in sein Theatre of Great Britain aufgenommen wurde, verbindet Genauigkeit mit einer Fülle antiquarischen Wissens und hervorragender ornamentaler Qualität.

▶Das Geburtshaus Mary Ardens, der Mutter Shakespeares, in Wilmcote, Stratford-upon-Avon. Wie die meisten der Häuser in jener Waldgegend wurde es damals um ein Holzgerüst herum erbaut, dessen Zwischenräume entweder mit vergipsten Ziegeln oder mit Lehmgeflecht gefüllt wurden.

Das Geburtshaus

John Shakespeare wohnte und arbeitete in der Henley Street in Stratford-upon-Avon, wo drei seiner Kinder geboren wurden – insgesamt waren es acht, von denen zwei im Kindesalter starben. William war das dritte Kind und der älteste Sohn. Kurz nach seiner Geburt wurde er am 26. April 1564 in der Gemeindekirche Holy Trinity getauft.

Die Holy Trinity Church hat sich äußerlich seit der Zeit der Kindheit Shakespeares kaum verändert. Die Kirche steht am Ende einer Lindenallee – dem Churchway – die anscheinend auch in Shakespeares Gedächtnis Spuren hinterließ:

> Nun klafft auf in nächtger Stund
> Weithin aller Gräber Mund,
> Und Gespenster aus dem Grund
> schweben um den Kirchhof rund.

Die Kirche war Zeugin seines Anfangs und Endes, und heute liegt er in ihr begraben.

Der junge William hatte Glück mit dem Zeitpunkt seiner Geburt: die ersten Jahrzehnte des Jahrhunderts standen in England im Zeichen sozialer Unruhen und wirtschaftlicher Schwierigkeiten, und es wurden dann inbesondere die Jahre 1557–59 durch Hungersnöte und Epidemien gezeichnet – zu einer Zeit, in der eines von fünf Kindern vor seinem ersten Geburtstag verstarb. Als Mary ihren neugeborenen Sohn in die eng sitzenden Windeln wickelte, die damals gebräuchlich waren, da man glaubte, dass sie den kleinen Gliedern zu geradem Wachstum verhelfen würden, mag sie vielleicht empfunden haben, dass sie ihn auch gegen die Gefahren der turbulenten Welt, in die er hineingeboren wurde, zu wappnen versuchte.

▲ Eintrag im Register der Holy Trinity Church, Stratford-upon-Avon, der die Taufe des „Gulielmus filius Johannes Shakspere" am 26. April 1564 aufzeichnet. Die Unterschriften zeigen, dass dies eine Abschrift war, die gemäß einem Erlass von 1597 angefertigt wurde, der befahl, dass frühere, lose Aufzeichnungen in ein Buch kopiert werden sollten; der originale Eintrag erfolgte wahrscheinlich auf einem losen Blatt.

▲ Blick von Fluss auf die Holy Trinity Church in Stratford-upon-Avon – ein Aspekt des Stratforder Stadtbildes, der wahrscheinlich in 450 Jahren fast unverändert blieb. Vor Shakespeares Geburt wurde das Kirchengebäude jedoch im Zuge der Reformation vermutlich stark verändert.

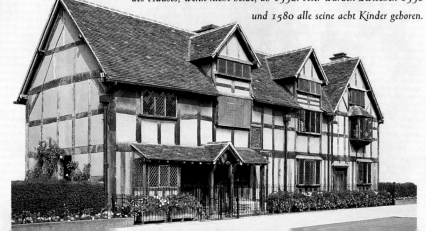

▼ John Shakespeare kam um 1550 aus Snitterfield nach Stratford und gründete dort ein Geschäft als Handschuhmacher. Er erwarb dieses Gebäude in der Henley Street wohl in zwei Etappen in den Jahren 1556 und 1575, mietete aber höchstwahrscheinlich mindestens einen Teil des Hauses, wenn nicht beide, ab 1552. Hier wurden zwischen 1558 und 1580 alle seine acht Kinder geboren.

▲ *Das authentisch rekonstruierte Zimmer, in dem Shakespeare vermutlich geboren wurde. Himmelbetten wurden der Wärme und Privatheit halber mit Vorhängen umschlossen; die Wiege entspricht einem authentischen Tudor-Vorbild. Derartige Möbel und Dekorationen gehörten zum Leben einer wohlhabenden Bürgerfamilie des 16. Jahrhunderts.*

DAS GEBURTSHAUS

Shakespeares Geburtshaus wird jedes Jahr von mehreren hunderttausend Menschen besucht. Es beherbergt zahlreiche Gegenstände aus Shakespeares Nachlass, die vom Birthplace Trust sorgsam aufbewahrt und ausgestellt werden. Neben dem Geburtshaus in der Henley Street befindet sich das Shakespeare Centre, das Hauptbüro des Shakespeare Trusts. Dieses 1964 eröffnete Gebäude umfasst eine Spezialbibliothek, die zentrale Sammlung von Shakespeare-Memorabilia, sowie ein bedeutendes Studienzentrum.

▲ *Das Geburtshaus, wie es auf einem im des Gentleman's Magazine von 1769 abgebildeten Druck – erschien. Diese Zeitschrift war stolz auf die Genauigkeit ihrer antiquarischen Informationen, und wir können daher ziemlich sicher sein, dass die Zeichnung den tatsächlichen damaligen Zustand des Hauses wiedergibt.*

Frühe Lebensjahre und Erziehung

John Shakespeare war Handschuhmacher von Beruf, und in den Jahren zwischen Williams Geburt und 1576 gelangte er zu beträchtlichem Wohlstand. 1568 oder 1569 wurde er Bailiff von Stratford, Hauptbeamter der Stadt und örtlicher Vertreter der Londoner Regierung. Dies war der Höhepunkt von Johns Karriere in der Stadtverwaltung; danach blieb er jedoch mehrere Jahre lang als Chief Alderman (Leitender Stadtrat) weiterhin eine prominente Persönlichkeit.

Der Wohlstand der Familie war ein wichtiger Grund dafür, dass der kleine William die beste zu jener Zeit in Stratford erhältliche Schulbildung bekam. Er besuchte die Grammar School (Gymnasium), in der er Grammatik, Logik und Rhetorik sowie Latein gelernt haben wird. Den hölzernen Klassenraum im ersten Stock, wo man ihn vermutlich Lesen und Schreiben lehrte, kann man noch heute besichtigen. Unter dem Gymnasium befindet sich die Guildhall (das Gildehaus), in der Wanderschauspieltruppen Vorführungen gaben.

Der Umfang von Shakespeares Schulbildung ist viel diskutiert worden. Zwar stimmt es, dass er nie eine Universität besuchte, ins Ausland reiste oder die vornehme Laufbahn eines gebildeten Höflings der Renaissance einschlug. Als Reaktion darauf stellten ihn manche Romantiker als unbelesenen Mann des Volkes dar, als Genie ohne Schulbildung. Andere wiederum reagierten in entgegengesetzter Richtung und erklärten, dass ein Unbelesener nie eine solche Dichtung habe verfassen können – daher müsse ein ganz anderer (z. B. Bacon) der Autor dieser Werke gewesen sein. Beide Reaktionen sind unnötig: Thomas Cromwell, der Hauptminister Heinrichs VIII, sowie die Komponisten Thomas Tallis und William Byrd sind drei von vielen, deren Gymnasialerziehung sich als gute Vorbereitung für eine Laufbahn in den Reihen der Londoner Intelligenz erwies. In der Tat mag es durchaus ein Vorteil für Shakespeare gewesen sein, dass er keine Universitätsausbildung besaß. Viele seiner Zeitgenossen, die sich mit ihrem Wissen brüsteten, wurden seither ob ihrer Künstlichkeit kritisiert, während Shakespeare genug Bildung besaß, um aus ihr zu profitieren, jedoch nicht soviel, dass sie ihn verdarb.

▲ *Ein „Hornbuch" – ein geschriebener oder gedruckter Text, der zwischen zwei durchsichtige Hornplatten geklemmt und mit einem Holzrahmen umschlossen wurde – diente oft als Hilfsmittel für ein Schulkind des 16. Jahrhunderts, besonders beim Auswendiglernen. Dieses Exemplar enthält die Elemente Lesen und Schreiben, Religion und Treue zur Krone – eine treffende Zusammenfassung der Erziehung im elisabethanischen England.*

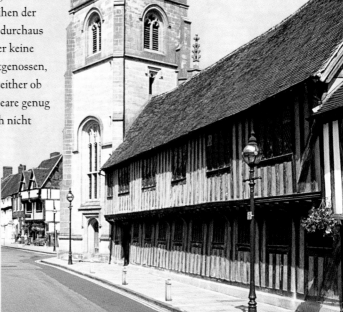

▶ *Der Turm der von Hugh Clopton, einem großen Wohltäter Stratfords, im späten 15. Jahrhundert erbauten Guild Chapel und die benachbarte Grammar School, die während der Regierungszeit König Eduards VI neu gegründet und ihm zu Ehren neu benannt wurde. Diese Gebäude prägten Shakespeares entscheidende Jahre.*

▲ Ein Klassenzimmer der Tudorzeit auf einem zeitgenössischen Druck. Der Schulmeister hört dem Schüler beim Konstruieren (Übersetzen) eines klassischen Textes zu. Man beachte die auf dem Tisch bereitliegende Rute!

▲ Ein Handschuhmacher aus Shakespeares Zeiten, nach einem Druck des 17. Jahrhunderts. Handschuhmacher waren kunstfertige Handwerker, deren Kunden zumindest wohlhabend waren; Shakespeares Vater besaß deutlich den Ehrgeiz, Mitglied der von ihm bedienten Klasse zu werden.

NACHKLÄNGE DER RELIGION

Neben seiner altsprachlichen Ausbildung war die Kirchensprache der zweite große, prägende Einfluss auf Shakespeares literarisches Bewusstsein. Er hörte wohl täglich die klangvolle Sprache des Prayer Book (Gebetbuches) und der Bibel – Shakespeares Version war die Bishop's Bible von 1568. Seine Dramen schöpfen direkt aus nicht weniger als 42 Büchern der Bibel, und das Prayer Book wird sogar noch gründlicher ausgeschöpft.

▲ Schultische aus dem neunzehnten Jahrhundert traten an die Stelle der Holzbänke, auf denen Shakespeare und seine Zeitgenossen vermutlich gesessen haben, aber abgesehen davon hat sich dieses Klassenzimmer seit der Schulzeit von Englands größtem Dichter kaum verändert.

Shakespeares Stratford

▲ *Elisabeth I. auf einem Porträt von Nicholas Hilliard, das um die Zeit von Shakespeares Geburt entstand. Hilliard spezialisierte sich auf Miniaturgemälde, welche die Brillanz der zeitgenössischen Kleidung betonten.*

Das Stratford, das Shakespeare kannte, war ein ruhiger kleiner Ort mit ungefähr 200 Häusern. Heute würde er uns nicht sehr stadtähnlich vorkommen, denn es gab dort viele Obsthaine, Gärten und einen reichen Baumbestand – im Jahr 1582 zählte man in der Stadt und ihrem Umkreis fast eintausend Ulmen. Stratford war jedoch ein wichtiger Übergang über den Fluss Avon, an dem das nördlich gelegene Waldland von Arden auf das offene Ackerland des südlich vom Fluss gelegenen Feldon traf. In der Tat war die Stadt ein Schnittpunkt von Wegrouten aus den großen Städten des westlichen Mittelengland, die hier zusammentrafen, bevor sie weiter nach Süden und Osten, und schließlich bis nach London verliefen.

Während des Mittelalters war die Stadt größtenteils von ihren wohlhabendsten Bürgern regiert worden, die sich in der Guild of the Holy Cross (Gilde des Heiligen Kreuzes), deren Kapelle und Schulgebäude einen Teil des Hintergrunds von Shakespeares Jugendzeit bildeten, zusammengeschlossen hatten. Mit der Reformation waren die religiösen Motivationen der Gilde jedoch in Ungnade gefallen, und im Jahr 1553 erhielt die kleine Stadt das Stadtrecht und ihre eigene Stadtverwaltung.

Es gab drei Marktkreuze, eines an der Kreuzung der High Street und der Henley Street (hier verkaufte John Shakespeare an Markttagen zusammen mit sieben oder acht anderen Handschuhmachern seine Waren), eines für Molkereiwaren vor der Guild Chapel, und ein drittes für Fleischer in der Chapel Street. Außerdem gab es in der Rother Street einen Viehmarkt. Die Hauptindustrie, die die meisten Einnahmen erzeugte, war jedoch die Malzindustrie. Nicht weniger als ein Drittel der bedeutenderen Bürger waren an diesem Geschäft beteiligt – einschließlich William Shakespeare selbst, als er gegen Ende seines Lebens Kapital zu Investitionen besaß. Die von ihm beschriebenen „Marktleute, die zum Getreideverkauf erschienen" waren ihm wohlbekannt.

▲ *Links das Garrick Inn und daneben das Harvard House, das zur Zeit Shakespeares einer Fleischerfamilie gehörte. Einer ihrer Nachkömmlinge, John Harvard, verlieh seinen Namen der großen Universität in den USA. 1909 wurde das Haus an Harvard vermacht.*

SIR HUGH CLOPTON
(gest. 1497)

Stratfords berühmtester Sohn vor Shakespeare war Hugh Clopton, der als Knabe nach London ging, dort als Textilhändler sein Vermögen machte und zurückkehrte, um einen Teil seines Geldes zum Nutzen seiner Heimatstadt anzulegen. Er baute die Guild Chapel, die Town Bridge – und „ein hübsches Haus aus Ziegeln und Holz, in dem er in seinen späteren Tagen lag." New Place galt allgemein als schönstes Haus der Stadt.

► Das Falcon Hotel in der Chapel Street in Stratford-upon-Avon besaß zur Zeit Shakespeares nur zwei Stockwerke – das dritte kam im 17. Jahrhundert hinzu.

▲ Der alte Landsitz der Familie Lucy im vier Meilen nordöstlich von Stratford gelegenen Charlecote wurde 1558 umgebaut. In diesem Park wilderte Shakespeare angeblich Rehe.

▼ Hugh Clopton verließ Stratford zur Mitte des 15. Jahr-hunderts, um sein Vermögen zu machen; er kehrte als reicher Mann zurück und baute diese hübsche Steinbrücke.

Eine Hochzeit in Eile

▲ *In den Jahren 1575–76 versuchte John Shakespeare durch Beantragung eines Wappens die äußeren Zeichen eines gehobenen gesellschaftlichen Standes zu erlangen, sein Antrag scheiterte aber an finanziellen Schwierigkeiten. Zwanzig Jahre später wurde jedoch dieser Originalentwurf mit dem Datum des 20. Oktober 1596 durch Sir William Dethick, den „Wappenkönig" des Hosenbandordens, zur offiziellen Bewilligung eines Wappens für John Shakespeare erstellt.*

Ende 1576 sah sich John Shakespeare finanziellen Schwierigkeiten gegenüber, und diese führten möglicherweise zum Abbruch von Williams Schulausbildung und nötigten ihn dazu, als Hilfskraft im Geschäft seines Vaters tätig zu werden. Im Jahr 1582 trug William dann zu den Problemen seiner Familie bei, indem er sich mit einer jungen Frau von 26 Jahren einließ, der Tochter eines respektablen Grundbesitzers aus dem unweit von Stratford gelegenen Shottery. Das Mädchen namens Anne Hathaway wurde schwanger und musste geheiratet werden. Außer dem Altersunterschied war, wenn man die Sitten der Zeit bedenkt, nichts Besonderes an dieser Heirat. Aber außer einer kleinen Mitgift brachte Anne nichts mit sich.

Aus dem einen oder anderen Grund hat man die rätselhafte Figur der Anne Hathaway sehr romantisiert. Anne scheint jedoch in fast jeder Hinsicht sehr durchschnittlich gewesen zu sein. Wie die meisten Frauen ihres Standes konnte sie weder lesen noch schreiben, und war wahrscheinlich sehr bereit dazu, die Rolle der Hausfrau und Mutter zu spielen, während ihr Ehemann in London schauspielerte und dichtete. Sie scheint keine große Gewalt über seine Zuneigung gehabt zu haben – Shakespeare war zwar kein Weiberheld, aber auch kein Modell an Tugend.

Susanna, das erste Kind von William und Anne, wurde im Mai 1583 getauft. 20 Monate später folgte ihr ein Zwillingspaar, das nach seinen Paten die Namen Hamnet und Judith trug. Als die zusätzlichen Esser in rascher Folge eintrafen, wurde die Finanzlage für den Shakespeare-Haushalt, der auf sehr engem Raum dem Haus in der Henley Street wohnte, gelinde gesagt problematisch. Wahrscheinlich versuchte Shakespeare, aus dieser Enge auszubrechen, als er etwas später in de den 1580-er Jahren Stratford allein verließ, um nach London zu gehen.

▼ *Eine Familie aus dem 16. Jahrhundert in klassischer Pose. Wahrscheinlich war William Shakespeare jedoch zu oft von zu Hause abwesend, um als derartig strenger Paterfamilias zu herrschen!*

▲ *Malerische kleine Häuschen aus Shakespeares Zeit in der Tavern Lane in Shottery. Zur Zeit ihrer Errichtung war das Leben schwerer, und der Dichter wäre sicherlich erstaunt, ihr heutiges hübsches Äußeres zu erblicken.*

▲ *Eintrag aus dem Gemeinderegister für 1585, das die am 2. Februar erfolgten Taufen von „Hamnet & Judeth sonne & daughter (Sohn und Tochter) to William Shakspere" verzeichnet. Die Geburt eines Sohnes und Erben hatte in der Tudorgesellschaft besondere Bedeutung – und Hamnets früher Tod muss ein dementsprechender Schlag für seinen Vater gewesen sein.*

▼ *Anne Hathaways „Cottage" war zu ihrer Zeit ein ansehnliches Bauernhaus. Hier in Shottery vor den Toren Stratfords wurde Anne 1556 geboren.*

Auf der Suche nach Erfolg

Wir wissen nicht, ob Shakespeare mit dem festen Plan, Schauspieler zu werden, nach London ging. Vielleicht tat er dies; es gab sicherlich viele Gelegenheiten, bei denen er in seiner Jugend von der Bühne angezogen wurde, da, wie der Forscher Dr. A.L. Rowse bemerkt, „...das Theater in seinen verschiedenartigen Formen eine landesweite Unternehmung war." In

▲ Bankettszene um 1596, die Schauspieler bei der Aufführung eines Maskenspiels vor der sitzenden Gesellschaft zeigt. Manche Stücke Shakespeares wurden zuerst für Privatvorstellungen und nicht für öffentliche Aufführungen geschrieben, und sein Spätwerk ist stark durch die Maskenform geprägt.

den Schulen führte man klassische Stücke auf; Handwerkerzünfte führten zu den Hauptfeiertagen mittelalterliche Mysterienspiele auf; jede Art von Gemeinschaft veranstaltete zu Weihnachten und zu anderen Anlässen Mummenschanz, und Stratford bildete keine Ausnahme.

Im Sommer besuchten Wandertruppen von Berufsschauspielern Stratford. Sie reisten unter dem Schutz eines Würdenträgers oder sogar der Königin selbst. Eine solche Schirmherrschaft war notwendig, wenn die Schauspieler nicht verhaftet und als Vagabunden ins Gefängnis geworfen werden wollten. 1587 zogen nicht weniger als fünf Schauspieltruppen durch Stratford – und mindestens zweien von ihnen mangelte es bei ihrer Ankunft an Mitgliedern. Wir können nichts mit Sicherheit beweisen, es ist jedoch auf jeden Fall gut möglich, dass William Shakespeare sich einer dieser Truppen – höchstwahrscheinlich Lord Leicester's Men – auf ihrem Weg nach London anschloss.

Das London, in dem Shakespeare es zu Ruhm und Vermögen bringen wollte, war eine schnell wachsende Großstadt mit nahezu 200 000 Einwohnern. In den Landgegenden nördlich der Stadtmauern und südlich des Flusses entstanden Vororte, die wenig Regierungskontrolle unterlagen, und dort gingen die Stadteinwohner ihren Vergnügungen nach.

Das erste speziell als Theater errichtete Gebäude entstand 1576 im auf dem Wege nach Shoreditch gelegenen Finsbury Fields; in herrlicher Schlichtheit wurde es einfach The Theatre genannt. Bei seiner Ankunft in London wurde Shakespeare Mitglied der Schauspielertruppe des Theaters, die unter der Leitung des Schauspielers und Direktors James Burbage stand; laut der Überlieferung musste er sich von ganz unten emporarbeiten, bevor er auf der Bühne erscheinen durfte.

▲ Edward Alleyn (1566–1626), ein naher Zeitgenosse Shakespeares und vielleicht der hervorragendste Schauspieler seiner Zeit. Er häufte großen Reichtum an, der ihm gegen Ende seines Lebens gestattete, die berühmte Privatschule Dulwich College zu gründen.

DIE VERLORENEN JAHRE

Uns ist sehr wenig über Shakespeares frühe Laufbahn bekannt. Laut John Aubrey (1681) „war er in jungen Jahren ein Schulmeister auf dem Lande." Er mag in den Diensten der Familie Houghton in Lancashire gestanden haben: Alexander Houghton erwähnte 1581 in seinem Testament einen gewissen William Shakeshafte, der anscheinend ein „Schauspieler" war. Der erste Londoner Hinweis auf ihn tritt 1592 auf: er wird als „upstart crow" (krähenhafter Emporkömmling) bezeichnet.

▼ Eine Wanderschauspieltruppe bei der Theaterarbeit neben der Themse in Richmond (Gemälde um 1620). Der alte Königspalast am gegenüberliegenden Ufer war eine Lieblingsresidenz der Tudor- und Stuart-Monarchen – möglicherweise probt hier eine gastierende Truppe ihr Stück, bevor sie zur Vorstellung den Fluss überquert.

◄Das Curtain Theater war eine von fünf Bühnen, die in Shoreditch, Londons erstem „Theaterland", eröffnet wurden. Shakespeare begann seine Schauspielerkarriere an einem dieser Etablissements, das einfach The Theatre hieß.

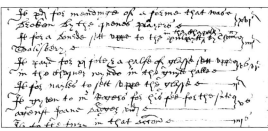

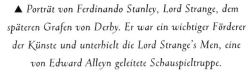

▲ Porträt von Ferdinando Stanley, Lord Strange, dem späteren Grafen von Derby. Er war ein wichtiger Förderer der Künste und unterhielt die Lord Strange's Men, eine von Edward Alleyn geleitete Schauspieltruppe.

▲ Schon in Stratford war Shakespeare gut mit dem Theater vertraut: die Stadtkonten für das Jahr 1587 geben Zahlungen an fünf Truppen reisender Schauspieler an. Bürgerliche Förderung der Künste war also im 16. Jahrhundert eine Realität!

Schauspieler und Dramatiker

Shakespeares Ankunft in London traf mit einer Blütezeit künstlerischer Kreativität zusammen. Eine Reihe brillanter Experimentatoren – Lyly, Peele, Greene, Kyd – hatten während der 1580-er Jahre eigenständige Komödien- und Tragödienformen entwickelt, und mit der ersten Aufführung von Christopher Marlowes *Tamburlaine the Great* im Jahre 1587 wurde klar, dass eine neue Kunstform entstanden war. Das Theater befand sich an der Vorderfront der neuen Renaissancekultur des Hofes und erfreute sich der starken, wenn auch anspruchsvollen Unterstützung durch die Königin selbst.

Die ersten Bühnenschriftsteller waren zumeist Herren mit Universitätsausbildung. Indem Shakespeare als Schauspieler begann und sich anmaßte, als Mitglied dieses niederen Standes selbst Stücke zu verfassen, setzte er sich in gewissem Maße über die gesellschaftlichen Konventionen seiner Zeit hinweg. Der Markt befand sich jedoch auf Seiten des professionellen Bühnenschriftstellers, denn die Nachfrage wuchs viel schneller, als die Verfasser sie befriedigen konnten. Man schätzt, dass die Theater um 1600 bereits ungefähr zwanzig Dramatiker ernährten, von denen jeder jährlich zwei bis drei Stücke schrieb.

Es ist wichtig, dass man den handwerklichen Ansatz versteht, mit dem Shakespeare seine Arbeit anging. Er war kein melancholischer Poet, der in einer Dachkammer dahinschmachtete; im Gegenteil war er laut aller Belege offen und unkompliziert, gewieft und geschäftsmäßig. Er brauchte diese Eigenschaften, denn es herrschte kein Mangel an Konkurrenz – besonders von Seiten Christopher Marlowes, bis dieser 1593 bei einer Schlägerei unter Betrunkenen in Deptford ums Leben kam.

Shakespeares frühe Stücke waren Historienspiele, die ein bereits von anderen benutztes Schema befolgten. Man weiß, dass das 1590 verfasste *Heinrich VI* am 3. März 1592 im Rose Theatre auf die Bühne gebracht wurde, und dass der Autor vielleicht Teil des Ensembles war. In den Jahren 1593 und 1594 warb Shakespeare dann mit den beiden langen epischen Gedichten *Venus und Adonis* und *Der Raub der Lukrezia* ernsthaft um Anerkennung auf der Ebene eines Hofdichters. Diese Gedichte waren ein glanzvoller Erfolg, durch den er das Mäzenat eines der elegantesten und ruhmreichsten jungen Edelmänner der Zeit, des Grafen von Southampton, erlangte. Unter der Schutzherrschaft Southamptons schrieb Shakespeare Mitte der 1890-er Jahre einige seiner heitersten bezauberndsten Stücke, deren Höhepunkt vielleicht das patriotisch-erhabene Drama *Heinrich V* (1599) war.

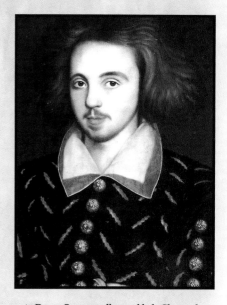

▲ *Dieses Porträt stellt angeblich Christopher Marlowe, Shakespeares größten Rivalen, dar. Marlowe brachte das Heldentum fesselnd auf die Bühne und wirkte dabei mit, das Historienspiel als wichtiges Thema im englischen Drama zu etablieren. Sein früher Tod – er starb als 29-jähriger bei einer Schlägerei in einer Spelunke – ließ Shakespeare ohne einen ihm ebenbürtigen Dramatiker zurück.*

▲ *Shakespeare schöpfte viele seiner Themen aus Geschichten, die bereits im allgemeinen Umlauf waren. Auf diesem Druck, der Raphael Holinsheds* Chronicles of England, Scotlande and Irelande *(1577) illustriert, trifft Macbeth die drei Hexen.*

▲ Henry Carey, Lord Hunsdon, war ein Vetter Elisabeths I, unter dessen Schutz Shakespeare und andere sich Mitte der 1590-er Jahre zur Truppe The Chamberlain's Men (später The King's Men) zusammenschlossen – der erfolgreichsten Schauspielergruppe der Zeit.

▼ Beleg einer Zahlung an William Kempe, William Shakespeare und Richard Burbage für Vorstellungen, die sie zu Weihnachten vor Königin Elisabeth gaben. Die Zahlungen wurden im Dezember 1594 geleistet.

▲ Dieses Überbleibsel des George Inn in Southwark ist der einzige in der Hauptstadt noch erhaltene Innenhof mit Galerien, die zur Mitte des 16. Jahrhunderts natürliche Theater für Wanderschauspieltruppen lieferten. An einem Ende improvisierte man die Bühne, und das Publikum saß in den oberen Rängen.

▼ Der Palast von Greenwich war eine der Lieblingsresidenzen der Tudor- und Stuart-Monarchen. Hier gaben Shakespeare und die Lord Chamberlain's Men im Dezember 1594 eine Aufführung für Königin Elisabeth.

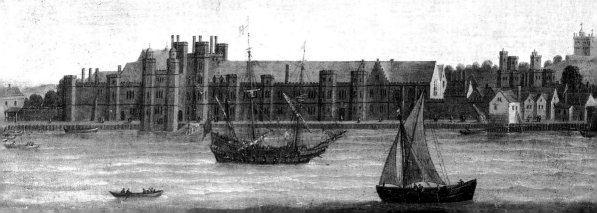

Shakespeares London

as London, in das der junge Shakespeare einige Zeit vor 1591 gelangte, stand im vollen Glanz der elisabethanischen Errungenschaften. Die Niederlage der spanischen Armada gab den Anstoß zu einem jener freudigen Momente triumphierender Euphorie, die Menschen und Nationen von Zeit zu Zeit erleben. Elisabeth I. – die bei ihren Höflingen Gloriana hieß – regierte in strahlender Majestät, Drake war der Schrecken der spanischen Flotte, Raleigh stolzierte bei Hofe umher. Auf dem Lande entstanden die großen Fürstenresidenzen – Burleigh, Longleat, Hardwick. Maler, Musiker und Dichter strahlten und schillerten in einem Spektrum der Talente. In dieser kostbaren Zeitspanne lebten und wirkten Byrd und Dowland, Bacon und Spenser, Marlowe und Shakespeare.

▲ *Das Südufer der Themse war im Jahr 1588, als dieses Aquarell entstand, bis auf den „Brückenkopf“-Vorort Southwark noch fast ganz unbebautes Land. Die Tierkampf-Arenen, die Vorgänger der Rose und Globe Theater waren, sind deutlich zu erkennen.*

Im Mittelpunkt dieser genialen, dynamischen Kultur lag die Stadt London, die noch immer von ihren mittelalterlichen Mauern umschlossen war, und deren Silhouette im Osten von der großen Festung des Towers und im Westen von der St.-Pauls-Kathedrale beherrscht wurde. Über den Fluss spannte sich eine Brücke, London Bridge, eines der Weltwunder von Mittelalter und Renaissance; ihre Strebebögen wurden von Torhäusern beschützt und von Zugbrücken unterbrochen, und auf ihnen lasteten viele mehrstöckige Gebäude, deren Kamine Rauch ausstießen, während ihre reichverzierten Türmchen vergoldete Wetterfahnen am Himmel flattern ließen.

▲ *„Alles Fleisch ist wie Gras, und sein Ruhm ähnelt den Blumen des Feldes“ – eine puritanische Ansicht von London und besonders Southwark mit ihren teuflischen Vergnügungen.*

London war bereits einer der größten Häfen Europas, und entwickelte sich jetzt schnell zum Bank- und Handelszentrum; im Jahr 1568 eröffnete Sir Thomas Gresham eine Einrichtung, die später als Royal Exchange (Königliche Börse) bekannt wurde. London war eine Stadt greller Kontraste, in der die Reichsten und Ärmsten in einem verwirrenden Gedränge miteinander um Platz kämpften, in der gewissenhafte Puritaner Tür an Tür mit schamlosen Bordellhaltern wohnten, in der krasse Gegensätze von Frömmigkeit und Kriminalität dicht an dicht florierten. Manche Bühnenschriftsteller, wie z. B. Ben Johnson in *Bartholomew Fair*, waren vom Leben der Unterwelt fasziniert. Shakespeare scheute sich zwar nie davor, aus ihr zu schöpfen – zum Beispiel im Charakter das Autolycus im *Wintermärchen* – ihm ging es jedoch um größere Themen.

▲ *Hahnenkämpfe waren damals ein beliebter Sport – diese Szene wurde 1615 gemalt. Die frühen Theater ähnelten Hahnenkampfplätzen – in der Tat konnte derselbe Hof für beide Zwecke genutzt werden. „Fasst dieser Hahnenkampfplatz Frankreichs weite Felder?“ fragt der Chor zu Beginn von* Heinrich V.

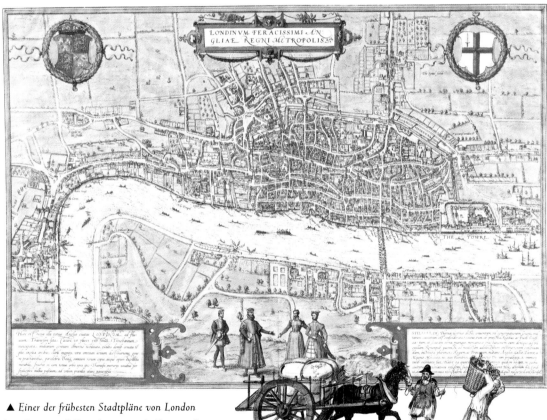

▲ Einer der frühesten Stadtpläne von London (von Braun und Hogenberg, 1572). Die mittelalterliche Stadt liegt noch immer hinter ihren Stadtmauern eng gedrängt am Nordufer der Themse. Westminster ist noch eine getrennte Siedlung. Deutlich sichtbar ist das Vergnügungsviertel im südlich von London Bridge gelegenen Bankside.

▲ Die wachsende Bevölkerung Londons im 16. Jahrhundert hatte eine enorme Nachfrage nach landwirtschaftlichen Produkten. Während des ganzen Jahres strömten Warenlieferungen in die Stadt, so dass die Straßen dem modernen Beschauer merkwürdig ländlich erschienen wären.

Das elisabethanische Theater

D as Theater im letzten Viertel des 16. Jahrhunderts war keine gesellschaftlich exklusive Angelegenheit – im Gegenteil war es erstaunlich populär. Außer bei Vorstellungen auf königliche Anordnung wurden Stücke meistens im Freien aufgeführt – nur im Winter begab man sich nach innen. Das Publikum, das meist mehrere hundert oder sogar über tausend Zuschauer umfasste, war eng im zentralen „Graben" und in seitliche Ränge eingewängt. Der daraus resultierende Gestank konnte laut zeitgenössischer Aussagen fürchterlich sein.

Die „groundlings" auf ihren Stehplätzen für einen Penny waren das gewöhnliche Londoner Straßenvolk. Und jeder, der sich nicht mit jenem Pöbel vermischen wollte, konnte durch eine andere Tür eintreten und einen Penny mehr für einen Sitzplatz bezahlen, während er durch Zahlung eines weiteren Penny einen Sitz mit Kissen und einen unbehinderten Blick auf die Bühne bekam. Diese besseren Plätze befanden sich auf den Rängen, und die allerteuersten waren direkt über der Bühne, wo die vornehmen Literaturkenner jener Zeit ihre Überlegenheit dadurch beweisen konnten, dass sie die unten stattfindende Handlung mit laufenden Kommentaren begleiteten.

Die Bühne war eine mehr oder weniger offene Plattform, die ins Publikum hineinragte, und sie besaß weder Vorhänge noch Bühnenbilder. Die Schauspieler kamen mit einem Minimum an Ausstattung zurecht; nur die Hauptdarsteller besaßen spezielle Kostüme. Die weiblichen Rollen wurden von Knaben gespielt. Es gab viele Szenen voll spannender Handlung, z. B. Duelle, Schlachten, Tänze und Geistererscheinungen. Jedoch musste das Stück grundsätzlich durch die Sprache beeindrucken.

Das elisabethanische Theatre War ein Theatre nicht der Handlung oder der Illusion, sondern der Sprache, ja in der Tat der Dichtung, und es erkundete die Grenzen des Geistes und der Gefühle zu einer Zeit, in der sich diese Grenzen in jedem Moment weiter auszudehnen schienen, und in der Geist und Sprache Englands neue Formen annahmen. Die seltsam vermischten Publiken des Globe, der Rose, des Swan und der restlichen Theater hätten ihr Interesse nicht auf diese Weise erklären können; sie gingen ins Theater, um zu lachen, zu weinen oder zu applaudieren – jedoch vor allem einfach, um der Dichtung zu lauschen.

▲ John Fletcher (1579–1625), der besonders bei dem Stück Heinrich VIII mit einer Reihe anderer Dramatiker (darunter Shakespeare) zusammenarbeitete.

▲ Die beste noch erhaltene Zeichnung eines elisabethanischen Theaters – das Swan Theatre nach einer Skizze des Holländers Johann de Witt (1596). Shakespeares Truppe hat zwar nie im Swan Theatre gespielt, aber das Globe Theatre war ein sehr ähnlicher Bau.

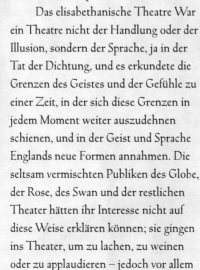

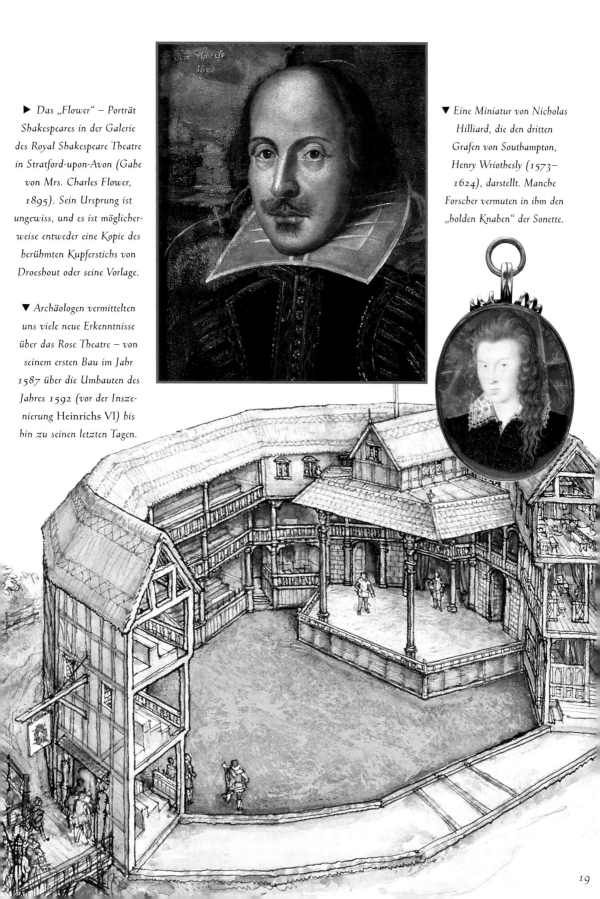

▶ Das „Flower" – Porträt Shakespeares in der Galerie des Royal Shakespeare Theatre in Stratford-upon-Avon (Gabe von Mrs. Charles Flower, 1895). Sein Ursprung ist ungewiss, und es ist möglicherweise entweder eine Kopie des berühmten Kupferstichs von Droeshout oder seine Vorlage.

▼ Archäologen vermittelten uns viele neue Erkenntnisse über das Rose Theatre – von seinem ersten Bau im Jahr 1587 über die Umbauten des Jahres 1592 (vor der Inszenierung Heinrichs VI) bis hin zu seinen letzten Tagen.

▼ Eine Miniatur von Nicholas Hilliard, die den dritten Grafen von Southampton, Henry Wriothesly (1573–1624), darstellt. Manche Forscher vermuten in ihm den „holden Knaben" der Sonette.

Das Globe Theatre

Burbages Truppe, der Shakespeare sich bei seiner Ankunft in London anschloss, sah sich 1599 gezwungen, ans Südufer des Flusses zu ziehen, wo sie das erste Globe Theatre erbaute. Zur Finanzierung des Unternehmens bot man den führenden Schauspielern der Truppe Anteile an; Shakespeare akzeptierte das Angebot und wurde Besitzer eines Achtels des Globe Theatre, der „Glorie des Ufers".

Das neue Globe Theatre scheint ein sofortiger Erfolg gewesen zu sein. Eines der ersten dort inszenierten Stücke war, wie wir aus dem Bericht Thomas Platters, eines Schweizers, der London 1599 besuchte, erfahren, Shakespeares *Julius Cäsar*: „Am 21. September überquerten ich und meine Gesellschaft nach dem Mittagessen gegen zwei Uhr das Wasser, und waren dort in dem Haus mit dem Strohdach Zeugen einer ausgezeichneten Aufführung der Tragödie des ersten Kaisers Julius Cäsar."

Es blieb nur eine Zeichnung des ersten Globe erhalten, die John Norden 1600 als Teil eines Bildes von London aus der Vogelperspektive anfertigte. Wir wissen jedoch recht viel aus Beschreibungen darüber, zum Beispiel aus der Ben Johnsons, der das Theater als „von einem Graben flankiert und aus Marschland herausgezwungen" schilderte.

Shakespeares Investition in das Globe Theatre ist Zeichen seiner wachsenden Unabhängigkeit gegenüber seinem Mäzen, dem Grafen von Southampton. Diese war auch notwendig, da die Unbedachtheit des Grafen ihn, besonders nach 1598, in politische Wirren führte: 1601 war er in Verbindung mit dem Grafen von Essex an einem wahnwitzigen, erfolglosen Umsturzversuch beteiligt.

Während der letzten Jahre der Regierungszeit Königin Elisabeths, 1601–1603, wogte eine Welle turbulenten Unbehagens durch die gesamte Nation. Shakespeare war gegen diese Stimmung nicht immun, und sie schlägt sich im düsteren Ton *Hamlets* und in der Bitterkeit von *Troilus und Cressida* nieder. Mit einem neuen Monarchen zog jedoch auch ein neuer Geist ein, und Shakespeare benutzte die Erfahrung der sorgenvollen Jahre als Grundlage seiner großartigen Erkundungen der Tragödie und des gesamten menschlichen Schicksals in *Othello*, *König Lear* und *Macbeth*. Man darf wohl behaupten, dass er mit diesen Schauspielen den Gipfel seines poetischen Schaffens erreichte.

RICHARD BURBAGE
(1573–1619)

Burgage war Mitbegründer der Chamberlain's Men und des Globe Theatre. Es heißt, er habe im Jahre 1602, als er Richard III spielte, mit einer verliebten Theaterbesucherin arrangiert, unter dem Decknamen Richard III zu ihr zu kommen.

Shakespeare überhörte dies und war vor Burbage bei der Verehrerin zur Stelle. Als Burbage ankam, erhielt er die Nachricht, dass „Wilhelm der Eroberer vor Richard III" eingetroffen war.

▲ *Auf diesem reizvollen zeitgenössischen Aquarell wurde das Globe Theatre schmäler und höher dargestellt, als es tatsächlich war. Dennoch vermittelt das Gemälde einen Eindruck der Realität dieser Vorortbühne.*

▲ Bankside mit den Rose und Globe Theatern im Jahre 1600, Rekonstruktion von C. Walter Hodges.

▲ Jakob VI von Schottland – der von 1566–1625 als Jakob I England und Irland regierte – auf einem Porträt von 1585. Er war ein Förderer des Dramas – die Chamberlain's Men wurden zu Beginn seiner Regierungszeit zu den King's Men umbenannt.

ZWEI GLOBE-THEATRE

Das erste Globe-Theater bestand von 1599–1633, als bei einer Aufführung *Heinrichs VIII* ein Unglück geschah. Es wurden ein paar Kanonen gezündet, und das Strohdach geriet in Brand. Laut Augenzeugenbericht entging ein Mann, dessen Hose Feuer gefangen hatte, den Flammen nur, indem er Bier aus einer Flasche darauf goss. Das zweite Globe Theatre ähnelte in seiner Konstruktion dem ersten sehr – doch diesmal setzte man ein Schieferdach darauf. Das ganze Gebäude brannte innerhalb von weniger als einer Stunde bis aus die Grundmauern nieder.

▼ Inigo Jones (1573–1652), ein architektonisches Genie, war der führende Bühnenbildner des frühen 17. Jahrhunderts. Seine Kulissen und Kostüme waren bei Hofe sehr beliebt und prägten die Entwicklung des in Innenräumen aufgeführten Dramas.

Familienleben in Stratford

Obwohl Shakespeare in London zu Ruhm und Vermögen gelangte, vergaß er anscheinend nie, dass er ein Sohn der Stadt Stratford war. Während seiner frühen Londoner Jahre kehrte er wohl manchmal, wenn die Schauspieler „ruhten", heim, insbesondere wenn der gewohnte Gang des Theaterlebens durch die Pest unterbrochen wurde. Seine wachsenden Ersparnisse führte er in seine Heimatstadt zurück; ein besonders wichtiger Schritt in dieser Richtung war sein Erwerb des Hauses New Place im Jahr 1597. Im Vorjahr 1596 war es ihm gelungen, zu bewerkstelligen, dass seinem Vater ein Wappen verliehen wurde. Die Shakespeares besaßen jetzt gesellschaftlichen Status!

Hamnet, Shakespeares einziger Sohn, starb im Jahr 1596. Zu jener Zeit schrieb sein Vater im König Johann folgende Zeilen:

Trauer füllt die Kammer meines fernen Kindes,
Liegt in seinem Bett, geht auf und ab mit mir,
Trägt seine Antlitz, wiederholt seine Worte,
Bringt mir seine Anmut in Erinnerung,
Stopft mit ihrer Form seine leeren Kleider aus.

Das Schicksal schien beschlossen zu haben, dass es nur *einen* erfolgreichen Shakespeare geben sollte. Williams jüngster Bruder, der 16 Jahre jüngere Edmund, folgte ihm in der Hoffnung auf Erfolg als Schauspieler nach London und ließ sich in der Nachbarschaft des Globe Theater nieder, starb jedoch 1607 im Alter von nur siebenundzwanzig Jahren und wurde am Silvestermorgen begraben.

Shakespeares Kinder wuchsen in Stratford auf. Seine Töchter Susanna und Judith heirateten: die ältere einen erfolgreichen Arzt, Dr. John Hall, die jüngere einen Trunkenbold. Das Haus der Halls blieb bis heute in Stratford erhalten und trägt den wenig überaschenden Namen Hall's Croft (Halls Pachtgut). Für Besucher ist es ganz so eingerichtet, wie der Arzt und seine Frau es wohl kannten. Shakespeare scheint Susanna und ihren Ehemann sehr geschätzt zu haben, denn er hinterließ ihnen eine große Menge seines Besitzes und wies sie sogar dazu an, für seine Witwe zu sorgen.

▲ Nash's House neben dem Grundstück des ursprünglichen New Place gehörte Thomas Nash, der 1626 Shakespeares Enkelin Elizabeth heiratete. Die 1670 verstorbene Elisabeth war Shakespeares letzter direkter Nachkömmling.

▼ Dieses Dokument belegt den Kauf von New Place durch Shakespeare. Er kaufte das Haus von William Underhill am 4. Mai 1597 für 60 Pfund.

◄ Eine 1699 „aus dem Gedächtnis" angefertigte Zeichnung des New Place. Eine schmale Gasse trennte das ursprüglich von Hugh Clopton errichtete Haus von der Guild Chapel.

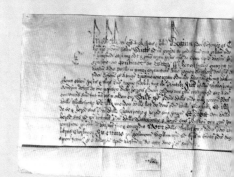

▲ Hall's Croft, das Wohnhaus von Shakespeares erfolgreichem Schwiegersohn Dr. John Hall ist eines der vornehmsten Häuser in Stratford-upon-Avon und steht inmitten der ruhigen Altstadt. Hall heiratete Susanna Shakespeare im Juni 1607.

▲ Eintrag im Register der Holy Trinity Church in Stratford-upon-Avon, der das Begräbnis von „Hanmet filius William Shakspere" am 11. August 1596 belegt. Hamnet war auch zu jener Zeit ein ungewöhnlicher Name, und der Gemeindeschreiber hatte offensichtlich Probleme mit seiner Schreibung.

▶ Druck einer frühen Ausgabe von Holbeins Serie Der Totentanz, der den Tod darstellt, wie er ein Kind vom Herd einer Bauernfamilie fortzieht. Die Kindersterblichkeit war im 16. Jahrhundert sehr hoch, und niemand war über einen Tod wie den Hamnets überrascht – sein Vater hat den Verlust jedoch offensichtlich als sehr schmerzlich empfunden.

DIE PEST

Die Pest tauchte erstmals 1348 in England auf und trieb dort bis ins 18. Jahrhundert in unregelmäßigen Abständen ihr Unwesen. Die Krankheit begann plötzlich und führte meist zum Tod. Nachrichten von einem Ausbruch verursachten daher Panik: wer fliehen konnte, tat es, und alle übrigen schlossen sich in ihren Häusern ein und beteten um Verschonung. Handel, Theateraufführungen und jede Form des gesellschaftlichen Lebens kamen zu einem abrupten Halt.

Die letzten Jahre

Als Königin Elisabeth 1603 starb, hatte sich Shakespeare fest als führender Dichter und Dramatiker seines Zeitalters etabliert. Zur Zeit der Thronbesteigung von König Jakob trug Shakespeares Ensemble, The Lord Chamberlain's Men, den Ehrentitel The King's Men.

Um diese Zeit änderte sich auch die Theatermode, und man zog anspruchsvollere, in Innenräumen präsentierte Aufführungen vor. Diese Produktionen waren viel teurer, aber auch profitabler, und so ist es nicht verwunderlich, dass Shakespeare in sie investierte und für sie schrieb. Der Einfluss des neuen Theaters ist am deutlichsten im schimmernden, höfischen Zauber des *Sturms* zu erkennen, wenn auch manche Forscher in Shakespeares Spätwerk die Anzeichen eines müden Geistes erkannt haben wollen.

Im Jahr 1613 zog sich Shakespeare schließlich nach New Place in Stratford zurück. Er lebte dort sehr gemächlich, war eine bedeutende Persönlichkeit im Ortsleben und blieb weiterhin zumindest mit einigen seiner Londoner Freunde in Verbindung. Laut der Überlieferung war es ein Besuch Ben Jonsons und eines anderen Dichters namens Michael Drayton, der Shakespeares Tod herbeiführte; es heißt, die drei hätten sich im New Place zu einem „allzu fröhlichen Treffen" zusammengefunden, und Shakespeare sei daraufhin „an einem Fieber, das er sich dabei zugezogen hatte" gestorben. Er verschied an seinem Geburtstag, dem 23. April 1616, und wurde in der Holy Trinity Church in Stratford begraben.

In seinem Testament vermachte Shakespeare den beträchtlichen Grundstücksbesitz, den er angehäuft hatte, hauptsächlich seiner Tochter Susanna und deren Ehemann, unter der Voraussetzung, dass sie weiterhin für Susannas Mutter sorgen sollten. Anne selbst erhielt sein „zweitbestes Bett mitsamt den Möbeln" als Hinterlassenschaft – eine Verfügung, die manche, die im Auftrag von Anne gern Streit anfangen wollten, als Beleidigung auslegten. Anne selbst starb im August 1623.

Sieben Jahre nach Shakespeares Tod sammelten seine Schauspielerkollegen John Heminge und Henry Condell 36 seiner Stücke und gaben sie in Buchform heraus. Dies war das sogenannte Erste Folio, das einen frühen, aber nicht unbestrittenen Kanon seiner Werke darstellte.

◀ *Ben Jonson (1572–1637), der Schauspieler, Dramatiker und Freund Shakespeares. Obwohl er im Vergleich zu Shakespeare langam und mühselig schrieb, wurde er in seinen späteren Jahren als farbenfroher Dramatiker ein Rivale Shakespeares.*

▲ *Die Gärten des Hauses New Place, in dem Shakespeare seine letzten Jahre verbrachte. Das Haus wurde im 18. Jahrhundert durch einen Besitzer demoliert, der an den aufdringlichen Touristen verzweifelte.*

◀ *Shakespeares Testament wurde am 25. März 1616 in Stratford-upon-Avon datiert. Seine Unterschrift erscheint ausgesprochen zittrig, wenngleich zweifellos in der Schrift eines mit der Feder vertrauten Mannes.*

MR. WILLIAM
SHAKESPEARES
COMEDIES,
HISTORIES, &
TRAGEDIES.

Published according to the True Originall Copies.

LONDON
Printed by Isaac Iaggard, and Ed. Blount. 1623

◄ Die Titelseite der ersten
Ausgabe der Gesammelten
Werke von Shakespeare, der
Ersten Folio-Ausgabe von
1623. Die Herausgeber
wollten seine Theaterstücke für
die Nachwelt bewahren –
„ohne Streben nach Profit oder
Ruhm, sondern nur um das
Andenken eines so werten
Freundes und Gesellen, wie es
unser Shakespeare war,
lebendig zu halten."

DAS GESAMTWERK

1590	Heinrich VI, Teil 1
	Heinrich VI, Teil 2
	Heinrich VI, Teil 3
1592	Richard III
	Titus Andronicus
1593	Die Komödie der Irrungen
	Der Widerspenstigen Zähmung
	(Venus und Adonis)
1594	Die edlen Veroneser
	Liebes Leid und Lust
	(Der Raub der Lukrezia)
1595	Romeo und Julia
	Richard II
1596	Ein Sommernachtstraum
	König Johann
1597	Der Kaufmann von Venedig
	Heinrich IV, Teil I
1598	Heinrich IV, Teil 2
	Die lustigen Weiber von Windsor
1599	Heinrich V
	Viel Lärm um Nichts
	Julius Cäsar
1600	Wie es Euch gefällt
	Was Ihr wollt
1601	Hamlet
1602	Troilus und Cressida
1603	Ende gut, alles gut
	Maß für Maß
1604	Othello
1605	Timon von Athen
1606	König Lear
	Macbeth
1607	Antonius und Cleopatra
	Coriolanus
1608	Perikles
1609	Cymbeline
	(Sonette veröffentlicht)
1610	Ein Wintermärchen
1611	Der Sturm
1612	Heinrich VIII

DIE SONETTE

Shakespeares *Sonette* wurden 1609 als Sammlung veröffentlicht,
die meisten entstanden jedoch wahrscheinlich um die Mitte der
1590-er Jahre. Sie sind von zahlreichen Mysterien umrankt – die
Identität der Person, der sie gewidmet sind, die Reihenfolge,
in der sie gelesen werden sollten, sogar die Natur der in ihnen
beschriebenen Beziehungen – sie enthalten jedoch einige der
erlesensten Liebesgedichte in englischer Sprache.

Rekonstruktion der Vergangenheit

In unserer Zeit leisteten Forscher, Archäologen und Handwerker gemeinsame Arbeit, damit wir Shakespeares Stücke wieder so erleben können, wie sie zu Lebzeiten des Dichters aufgeführt wurden. Der Innenraum des Swan Theatre in Stratford ahmt ein „playhouse" aus der Zeit Shakespeares nach, und im Regent's Park in London finden in jedem Sommer Freilichtaufführungen statt. Die kompletteste Rekonstruktion ist jedoch das dritte Globe Theater auf der Bankside in London. Es wurde 1998 für Aufführungen geöffnet, und ist das Ergebnis genauester archäologischer Forschung in Verbindung mit wissenschaftlicher Analyse einer enormen Menge literarischer und grafischer Belege.

Das neue Globe Theatre ist eine getreue Nachbildung seiner Vorgänger – seine Erbauer gingen sogar so weit, Nachbildungen mittelalterlicher Werkzeuge zur Bauarbeit zu verwenden. Die Fundamente bestehen aus mit rauhem Themse-Kalkstein gefüllten Gräben. Zwanzig Eichenbalken bilden einen Ring von Nischen, in die kleinere Rahmen und Streben gesetzt wurden. Die Lücken des Holzrahmens verkleidete man mit Eichenholzstreifen, und diese Streifen wiederum füllte und deckte man mit Putz, der gemäß der Originalformel aus Sand, Kalklauge und Tierhaaren hergestellt wurde. Die gesamte Wand wurde mit Kalklauge übertüncht.

Der umschlossene Hof trägt wie seine Vorgänger eine Oberfläche aus Asche, Klinker, Sand – und Haselnussschalen! Das Mittelstück ist natürlich die Bühne. Über ihr befindet sich ein Balkon, und das Ganze wird von einem gewaltigen Dach bedeckt, das vorn von zwei Säulen gestützt wird. Die Decke über der Bühne – der Theaterhimmel – ist mit Sonne, Mond, Tierkreiszeichen und „einer göttlich beleuchteten Wolke, deren zentrale Platte eine Falltür verbirgt", verziert.

▲ *Jede Fuge des Holzrahmens wurde einzeln geschreinert. Hier ist ein markierter Zapfen zum Einsatz in seine eigene Fuge bereit; man beachte die Löcher für die Holzstifte, die alles absichern werden.*

◄ *Das Reetdach des New Globe ist das erste seit dem großen Brand von 1666 in London konstruierte Dach dieser Art. Es besteht aus Schilf aus Norfolk – das Material des Vorgängers stammte wohl aus der Gegend um die Themsemündung.*

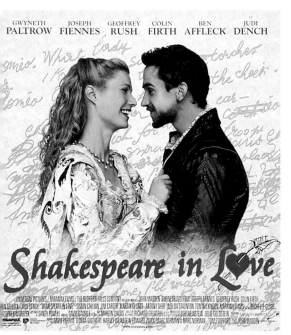

▲ Ein Plakat für den beliebten Film Shakespeare in Love, das jüngste Beispiel für die anhaltende Faszination der Welt mit der Persönlichkeit Shakespeares.

▲ Der Innenraum des Swan Theatre in Stratford-upon-Avon. Es wurde 1986 auf den Überresten des Theatergebäudes von 1879 gebaut, das 1926 fast ganz abgebrannt war. Es verschafft dem Theaterpublikum von Stratford einen Geschmack der elisabethanischen Inszenierungsmethode.

▼ Der leuchtend weiße Putz des New Globe Theatre deutet die Frische der theatralischen Vision dar, die als Ergebnis von Sam Wanamakers epischem Vorhaben neu entdeckt wurde. Die Türme enthalten die Treppen zu den Rängen; im elisabethanischen Zeitalter wären sie zusätzlich mit Klappläden versehen worden.

Shakespeares Vermächtnis

In der Vergangenheit gab es Streit darüber, inwieweit Shakespeare für die unter seinem Namen bekannten Werke tatsächlich verantwortlich war. Besonders gegen Ende des 19. Jahrhunderts, waren Kritiker freudig damit beschäftigt, den Kanon der Werke auseinanderzupflücken, manche von ihnen anderen Quellen zuzuschreiben, und das Ganze in neue Muster der Chronologie aufzusplittern. In den letzten Jahren ging man jedoch wieder gemäßigter vor.

Der Ursprung mancher Stücke, insbesondere *Perikles* und *Heinrich VIII*, ist offensichtlich zweifelhaft, aber die meisten Literaturforscher stimmen jetzt darin überein, dass Shakespeare zwar durch andere Werke inspiriert wurde, und dass sein Werk oft Nachklänge anderer Dichter aufweist, er jedoch als inmitten seines kulturellen Milieus arbeitender Künstler gesehen werden sollte. Wenn sein Werk manchmal uneben wirkt, so kann dies besser durch den fieberhaften Druck der Produktionsbedingungen erklärt werden, als durch Annahme mehrerer Autoren oder stückweiser Verfertigung.

Shakespeare war nämlich nicht einer jener Künstler, die unendlich lange an einem Meisterwerk arbeiten und es zu Hochglanz perfektionieren. Vielmehr drückte er das wahre Genie der Menschheit mittels seiner unendlichen Komplexität und Vielfalt aus. Das gesamte menschliche Leben ist in seinen Stücken gegenwärtig – seine Größe und seine Imperfektionen, und beide widergespiegelt durch die Triumphe und Fehlerhaftigkeiten seiner Technik. Sein Porträt des menschlichen Lebens hat für andere Menschen Bedeutung, weil das Leben für ihn Bedeutung hatte. Er sah das Leben, wie es ist, in all seiner Hässlichkeit, seinem Chaos und gleichzeitig seiner Schönheit, und sein Genie vermochte es, die unter dem Chaos verborgene Ordnung wahrzunehmen und dieser Wahrnehmung in einer Dichtung unsterblicher Schönheit Ausdruck zu geben.

▲ Die aus dem 19. Jahrhundert stammende Kopie einer Zeichnung von 1604, die anscheinend William Shakespeare darstellt, wie er als in Scharlachrot gekleideter Höfling an einer königlichen Prozession durch London teilnimmt.

◀ Die Bronzestatue Shakespeares in den Bancroft Gardens nahe dem Fluss Avon wurde Stratford 1888 von Lord Ronald Sutherland Gower geschenkt. Das 19. Jahrhundert stellte Shakespeare auf einen Sockel – vielleicht war es notwendig, dass das 20. Jahrhundert ihn wieder zur Erde zurückbrachte.